A SABEDORIA DA CRUZ

4ª edição

@editoraquadrante
@editoraquadrante
@quadranteeditora
Quadrante

São Paulo
2023

Copyright © 2001 Quadrante Editora

Capa
Provazi Design

Dados Internacionais de Catalogação na Publicação (CIP)

Faus, Francisco
  A sabedoria da Cruz / Francisco Faus — 4ª ed. — São Paulo:
Quadrante, 2023.

  ISBN: 978-85-7465-595-6

  1. ofrimento - Aspectos religiosos - Cristianismo 2. Sofrimento - Ensino bíblico 3. Sofrimento na Bíblia I. Título

CDD-242.4

Índice para catálogo sistemático:
Sofrimento : Meditações : Cristianismo 242.4

Todos os direitos reservados a
QUADRANTE EDITORA
Rua Bernardo da Veiga, 47 - Tel.: 3873-2270
CEP 01252-020 - São Paulo - SP
www.quadrante.com.br / atendimento@quadrante.com.br

SUMÁRIO

LOUCURA DA CRUZ 5

O DIABO E A CRUZ 19

DEUS E A CRUZ 37

NÓS E A CRUZ
Primeira parte: o sofrimento 63

NÓS E A CRUZ
Segunda parte: o sacrifício 97

Epílogo
A CRUZ E A ALEGRIA CRISTÃ 117

NOTAS 125

LOUCURA DA CRUZ

Um companheiro inseparável

O sofrimento acompanha-nos, passo a passo, no caminho da vida. É um companheiro assíduo e inseparável: sofrimento físico, sofrimento moral, doença, decepção, frustração, perda... O sofrimento pode ser um grande amigo ou um terrível inimigo, pois tem o poder de edificar ou destruir, de enriquecer ou despojar. Tudo depende de como o encaramos, do «sentido» que somos capazes de lhe dar.

A sombra da cruz — do sofrimento e do sacrifício — faz-nos estremecer. Custa-nos entendê-la e, ainda mais, custa-nos aceitá-la. Por que o sofrimento? Por que o sacrifício? Todos nós já fizemos provavelmente essas perguntas, uma ou muitas vezes na vida. E todos sabemos que, quer perguntemos quer não, quer aceitemos a cruz ou nos revoltemos contra ela, continuará a fazer parte deste mundo e da vida de cada um de nós. Em nada pode ajudar-nos fazer meras especulações sobre o sofrimento baseadas em hipóteses irreais: «Se não existisse o sofrimento...», «Deus não deveria permitir o sofrimento...», «Se Deus é Pai, por que nos deixa sofrer?»... A realidade é que o sofrimento existe e que Deus o permite. Por isso, só poderemos encontrar um «sentido», uma ajuda, se fizermos as perguntas sobre a dor dentro do quadro da vida real: «O sofrimento existe, sempre existiu e continuará a existir. Eu tenho-o na minha vida. Que sentido tem? Que faço com ele? Que devo fazer com ele?»

Podemos fazer muitas coisas. Há pessoas que, perante as cruzes da vida, se asfixiam na revolta e no desespero. Queixam-se, amarguram-se, arrasam-se. Às vezes, autodestroem-se.

Há outras pessoas que, com os mesmos ou maiores sofrimentos, amadurecem, ganham sabedoria e virtude, aprendem a ver e a amar as coisas e as pessoas de uma maneira nova. E, no meio da dor, têm uma vida cheia de paz, de grandeza e de fecundidade.

Há, pois, um *mau modo* e um *bom modo* de encarar o sofrimento. Este último é o que, em linguagem cristã, chamamos a *sabedoria da cruz* (cf. 1 Cor 1, 25).

A dor que sorri

Nunca me esquecerei de um pequeno episódio da vida real, que pode ser contado em poucas linhas. Faz bastantes anos, alguém visitou no hospital um colega de trabalho, jovem, atacado por uma doença incurável e muito dolorosa. Mesmo sem poder disfarçar algum trejeito de dor, o doente sorria sempre, estava alegre e falava de maneira serena e otimista, de tal modo que confortava e reanimava os que o iam visitar. Comentou-lhe o amigo:

— Fico contente de ver que os médicos conseguiram aliviar um pouco a sua dor...

— Não conseguiram — respondeu o outro com simplicidade. — Mas eu rezo sempre, e digo a Deus: *Sofro porque me dói, sorrio porque Te amo*.

Esta frase tão breve parece-me que encerra uma sabedoria mais profunda — *sabedoria da cruz* — do que as páginas de muitos livros. E é preciso reconhecer que há livros excelentes que abordam com seriedade e altura o sentido humano e cristão do sofrimento; em horas em que as dores físicas ou morais apertam, podem trazer-nos luz e consolo. Mas, se queremos *aprender* a fundo a *ciência da cruz*, creio que só existem duas cátedras que no-la podem ensinar, na prática, e metê-la no coração: a cátedra da experiência cristã — da própria e da alheia, sobretudo a dos santos — e a cátedra divina da Sagrada Escritura, da Palavra de Deus. Nestas páginas, por isso, não se esperem raciocínios filosóficos sobre a dor, mas apenas uma busca sincera das palavras de Deus e a evocação da experiência viva dos santos.

O que Jó aprendeu

Jó é o máximo sofredor do Antigo Testamento. Desde o começo do *Livro de Jó*, aparece-nos como um homem de fé forte e integridade de conduta. A dor abate-se sobre ele como uma montanha que desaba: perde todos os filhos e todos os bens, perde a saúde e a honra, fica como um mendigo leproso que apodrece solitário no monturo.

E qual foi a reação de Jó? Não foi uma. Foram duas, uma após a outra.

A primeira foi a reação de um autêntico adorador de Deus, de um homem de fé inabalável, que nos deixa boquiabertos: *O Senhor deu, o Senhor tirou; bendito seja o nome do Senhor [...]. Aceitamos a felicidade da mão de Deus; não devemos também aceitar a infelicidade?* (Jó 1, 21 e 2, 10).

A segunda reação foi a própria de um homem sincero, acostumado a falar com Deus de coração aberto. Reduzido a um trapo, Jó recebe a visita de três amigos, penalizados, aos quais se une depois um quarto. Todos eles tentam «explicar-lhe» com muitos argumentos o porquê da avalanche brutal dos seus sofrimentos, interpretando-os fundamentalmente como um ato de justiça de Deus, que estaria assim punindo Jó por culpas que ele não percebeu ou não reconhece. Assumem, assim, a função de «advogados defensores de Deus», um papel que o Senhor Deus não lhes havia confiado.

Diante dessa interpretação simplista e distorcida, Jó se insurge: revolta-se, brada, prorrompe em lamentos dilacerantes, increpa Deus e convoca-o para «discutir» com ele; seus gritos chegam a raiar a blasfêmia. Mas, na realidade, são os brados sinceros e agoniados de um homem de fé absoluta, que não entende o que está acontecendo. Jó crê em Deus acima de tudo no mundo, e não pode imaginar que Ele seja injusto e o castigue como se fosse culpado por crimes que não cometeu. Os amigos escandalizam-se da sua fala. Mas Jó insiste. E, no fim, quando a discussão atinge o clímax, Deus em pessoa intervém. E o que faz o Senhor? Depois de repreender Jó pelos seus excessos verbais, dá-lhe razão, concorda com *meu servo Jó* e indigna-se contra os amigos sabichões, que se metem a dar lições sobre o que não sabem.

Com palavras faiscantes de poesia, Deus mostra a Jó e aos amigos indiscretos quão longe estão de compreender os planos da sabedoria, da justiça e da bondade de Deus:

Onde estavas quando lancei os
*   fundamentos da terra?* [...]
Quem fechou com portas o mar,
quando brotou do seio maternal,
quando lhe dei as nuvens por vestimenta
e o enfaixava com névoas tenebrosas? [...]

Algum dia na vida deste ordens à manhã?

Indicaste à aurora o seu lugar?

(Jó 38, 4ss)

Também Jesus teve que desfazer certa vez as interpretações erradas que os seus Apóstolos faziam sobre o sofrimento. São João conta-nos uma cena que presenciou em Jerusalém: *Caminhando, viu Jesus um cego de nascença. Os seus discípulos indagaram dele: — Mestre, quem pecou, este homem ou seus pais, para que nascesse cego? Jesus respondeu: — Nem este pecou, nem seus pais, mas foi assim para que nele se manifestassem as obras de Deus.* Logo a seguir, fez o milagre de abrir os olhos àquele homem (Jo 8, 1-7).

A primeira coisa que os discípulos pensaram foi que o sofrimento era um castigo, como os amigos de Jó. Nós também. Aparece um sofrimento inesperado, uma doença, um revés, e logo nos queixamos: «Por que Deus faz isto comigo? Por que me castiga? Eu não mereço este sofrimento!»

Sempre que pensamos assim, não entendemos que, em muitíssimos casos, a dor, nesta terra, não é um castigo de Deus, mas tem outra finalidade, mais profunda, divina e positiva: *É para que se manifestem as obras de Deus.* Os caminhos de Deus não são os nossos caminhos: *Meus pensamentos não são os vossos* (Is 55, 8). Nós partimos do preconceito de que a dor é um mal e só pode ser castigo, e Deus não pensa assim.

Sim, a dor tem um papel misterioso e altíssimo nos planos divinos, é algo que ultrapassa de longe os esquemas mentais e as perspectivas dos humanos. Foi por isso que Deus deu razão a Jó, o homem reto que não aceitava explicações baratas nem lógicas surradas. Jó acabou percebendo o que Deus queria dizer, e por isso calou-se, pôs *a mão na boca*, e reconheceu: *Falei, sem compreendê-las, maravilhas que me superam e que não conheço* (Jó 39, 34 e 42, 3).

Em matéria de dor, a atitude mais sábia é a de Jó: calar-se, ser humilde e ouvir a Deus.

«Tira as sandálias»

É verdade. Há certas questões fundamentais da vida de que só podemos aproximar-nos com imenso respeito, dispostos antes de tudo a escutar com reverência o que Deus tem a dizer-nos. Penso, concretamente, que há três realidades — o Amor, a Dor e a Morte — que pedem, antes de nos chegarmos a elas, que inclinemos a cabeça e façamos como Moisés, quando Deus o interpelou do meio da sarça ardente: *Tira as sandálias dos teus pés, porque o lugar em que te encontras é uma terra santa* (Ex 3, 5). Amor, Dor e Morte são *terra sagrada*, abismos que sempre nos produzirão vertigem, porque são território de Deus.

Nestas páginas, tentaremos debruçar-nos um pouco sobre o abismo da Dor. Procuraremos entrar nele com respeito e veneração, com o desejo, acima de tudo, de *ouvir* algumas das verdades sobre o sofrimento que Deus quis fazer chegar até nós, seus filhos. Há, com efeito, muitas páginas da Bíblia que iluminam, como fachos de luz, o mistério do sofrimento; sobretudo páginas do Novo Testamento, em cujo cume se ergue, como farol deslumbrante, a Cruz de Jesus Cristo.

Como *aprendizes de Deus*, pois, procuraremos meditar com simplicidade essas mensagens divinas, detendo-nos especialmente em três delas, que podemos enunciar assim:

Primeira: o diabo detesta a Cruz.

Segunda: Deus ama a Cruz e salva-nos por meio da Cruz.

Terceira: a Cruz — o sofrimento e o sacrifício — pode e deve ser uma fonte de bênçãos divinas na nossa vida.

A cada um desses temas vamos dedicar um capítulo desta obra. Mas antes será útil fazer um esclarecimento prévio sobre a terminologia que empregaremos. Atendo-nos a um modo de escrever habitual entre os autores cristãos, escreveremos *cruz* (com minúscula) ao referir-nos aos sofrimentos e sacrifícios da vida, mas não daremos nunca a essa palavra o sentido pejorativo com que alguns falam das suas *cruzes* como de fardos insuportáveis.

Outras vezes, escreveremos *Cruz* (com maiúscula): nestes casos, estaremos a referir-nos à Cruz de Cristo, e também — em alguns casos — às nossas dores e sacrifícios, quando os unimos à Cruz de Jesus e procuramos *sofrer com Ele* (cf. Rm 8, 17).

O DIABO E A CRUZ

Uma cena desconcertante

Já vimos, numa noite fechada, o súbito clarão de um relâmpago? Num instante, a paisagem emerge das sombras, envolta em luz azulada, e distinguem-se nitidamente as coisas que a noite deixava ocultas. É o que poderíamos chamar um choque de luz.

Pois bem, vamos assistir agora a um choque de luz, potente e assustador como um relâmpago, que foi um dos primeiros clarões que Cristo projetou sobre o mistério da Cruz. Para nós, será a primeira lição sobre a *sabedoria da*

Cruz, que estas páginas desejariam ajudar a desvendar.

Caminhava Jesus com os Apóstolos e uma turba de discípulos, quando pela primeira vez anunciou a sua Paixão, que já estava próxima: *Começou a ensinar-lhes que era necessário que o Filho do homem padecesse muito, fosse rejeitado pelos sumos sacerdotes e pelos escribas, fosse morto, mas ressuscitasse depois de três dias. E falava-lhes abertamente dessas coisas* (Mc 8, 31-32).

Esse anúncio deixou perplexos os que o escutavam. Nunca tinham ouvido Jesus mencionar a Cruz. Até então, seguir Cristo fora para eles uma aventura empolgante, com multidões que se encantavam com as palavras do Mestre, que lhe confiavam os seus padecimentos, que eram favorecidas com milagres espantosos: cegos que viam, leprosos que ficavam limpos, mortos — como a filha de Jairo — que ressuscitavam...

De súbito, um balde de água fria lhes é despejado na alma. O que Jesus dizia era incompreensível. Não falara Ele constantemente do Reino de Deus que vinha instaurar nesta terra? Não mostrara o seu poder divino sobre as doenças, sobre os demônios, sobre os ventos e as tempestades? Não reduzira ao silêncio os seus detratores, mostrando uma superioridade divina sobre eles? Que sentido tinha então anunciar-lhes que tinha de *padecer muito, ser rejeitado, morrer*?

O coração de Pedro não aguentou. Simão Pedro, o discípulo emotivo e espontâneo, o homem de confiança de Jesus, agarrou o Senhor pelo braço, levou-o para um lado e — diz o Evangelho — *começou a repreendê-lo: Que Deus não o permita, Senhor! Isso não te acontecerá!* (Mc 8, 32; Mt 16, 22).

Era o coração a falar pela boca. Pedro não suportava pensar nem no sofrimento nem na morte do Mestre. Repelia, horrorizado, a possibilidade de que esses males viessem algum dia a ser realidade. Mas ainda estavam no ar essas suas palavras ditadas pelo carinho, quando, de repente, a cena foi rasgada por um raio inesperado: *Jesus, voltando-se para ele, disse-lhe: Para trás, Satanás! Tu és para mim um escândalo; teus pensamentos não são os de Deus, mas os dos homens!* (Mt 16, 23)

Ouvimos isso e ficamos desconcertados. Por mais que queiramos manter um respeito reverente por todas as palavras de Cristo, não conseguimos evitar a tentação de achar que dessa vez Jesus foi duro demais, exagerou.

A sombra do diabo

Deixemos passar essa primeira impressão (nós somos emotivos como Pedro) e procuremos refletir serenamente sobre a cena. Perceberemos então que as palavras duras de Jesus não são um exagero, mas um alerta tremendamente urgente e necessário.

Sim, essas palavras fortes de Cristo são necessárias para que nós não nos desencaminhemos; eu diria que são especialmente necessárias no nosso mundo atual. Por quê?

A razão é que o veemente protesto de Pedro, sem ele o saber nem suspeitar, foi diabólico: foi o eco quase perfeito da *terceira tentação* com que Satanás assaltara Cristo, no fim dos quarenta dias de oração e jejum no deserto, quando o Filho de Deus se dispunha a iniciar a sua pregação. O diabo propusera a Jesus reinar sobre o mundo sem necessidade de passar pela Cruz: *Todos estes reinos te darei se, prostrando-te diante de mim, me adorares* (Mt 4, 9). «Rendendo-te a mim — vinha a dizer o diabo —, poderás triunfar e reinar sem sofrer».

A repreensão de Pedro a Jesus era um eco involuntário dessa voz diabólica. Por isso Cristo reagiu com as mesmas palavras com que repelira o Inimigo: *Para trás, Satanás!* (Mt 4, 10 e 16, 23).

Lembremo-nos de que, quando o Filho de Deus entrou no mundo, o anjo Gabriel anunciou a Maria que o Filho que dela ia nascer receberia de Deus *o trono de seu pai Davi*, e que *o seu Reino não teria fim* (cf. Lc 1, 32-33).

Ora, Jesus é Rei — *Eu para isso nasci e vim ao mundo*, dirá a Pilatos (Jo 18, 37) —, mas é Rei de um Reino espiritual, sobrenatural, que *não é deste mundo* (Jo 18, 36), porque é o Reino da

Graça e da Vida, do Amor e da felicidade eterna na *Casa do Pai* (Jo 14, 2). Por desígnio da Santíssima Trindade, Cristo vinha conquistar e instaurar esse Reino, mediante a sua imolação redentora na Cruz. Era com a Cruz que se ia realizar a nossa salvação, essa salvação que Satanás não podia suportar.

Pedro, o bom Pedro, na sua ignorância afetuosa, fazia sem querer o jogo do Inimigo. Jesus tirou-o do engano, com a rude violência amorosa com que se resgata do mar alguém que se está afogando.

O jogo do diabo não acabou

Mas não achemos que este jogo do diabo acabou. Ainda em vida de Cristo, voltou à carga. São Lucas refere-nos que, após o fracasso das tentações no deserto, *o demônio apartou-se dele até outra ocasião* (Lc 4, 13). Essa *outra ocasião* foi a hora da Paixão, a própria hora da Cruz. No Horto de Getsêmani, Jesus teve de lutar no seu íntimo — numa agonia que o fez suar sangue — porque a sua humanidade tremia perante a Cruz e sentia a *tentação* de evitar os sofrimentos indizíveis da Paixão. No fim desse combate, triunfou o seu amor à vontade do Pai e o seu amor por nós, o seu anseio de nos redimir lavando os nossos pecados com o seu sangue: *Pai! ... Não se faça o que eu quero, mas o que tu queres* (Mc 14, 36).

A investida na Paixão, porém, não foi a última... Nunca o diabo deixará de combater a Cruz. Sempre tentará enganar os homens com argumentos falaciosos, servindo-se da habilidade de tergiversar que lhe é própria. Não é à toa que Cristo o qualificou de *mentiroso e pai da mentira* (Jo 8, 44).

Hoje, mente talvez mais do que nunca. Dá a impressão até de que os séculos transcorridos lhe deram experiência e, se é possível pensar assim, aprendeu a mentir com mais argúcia, agressividade e aprumo, tanto que às vezes parece — só parece, graças a Deus — que o ouvimos cantar vitória e gritar: «Por fim consegui banir a Cruz!»

Uma das grandes *mentiras* atuais do diabo, no seu combate contra a Cruz, consiste em convencer o mundo de que felicidade é igual a prazer, consiste em *identificar felicidade e prazer*, o que constitui uma das maiores falsidades que se possam imaginar. Com essa perspectiva, no mundo só existiria um *mal*, que seria o *sofrimento*; só haveria um inimigo a ser combatido com todas as armas da ciência e da técnica, da psicologia e da dialética: a dor, o sacrifício, a cruz. O novo deus pagão é o prazer.

Felicidade e prazer

Quem conhece um mínimo de História sabe que, durante milênios, tanto os mais elevados espíritos pagãos como os cristãos — no Ocidente e no Oriente — chegaram à certeza de que a autêntica felicidade só podia encontrar-se na *virtude*, no *bem*, na realização do ideal divino sobre o homem.

Os homens e as mulheres falhavam, pecavam, cometiam crimes, eram muitas vezes mesquinhos; mas em nenhum momento se apregoou ou se pensou que o *mal* residisse no sofrimento ou no sacrifício; o mal estava, sim, na falta de virtude, na falta de valores, na mentira, no desregramento, na escravidão da alma às paixões baixas, em suma, no mal moral, no *pecado*.

Todos os heróis admirados e propostos como modelo à juventude eram homens e mulheres capazes de grandes sacrifícios, de generosas renúncias, de heroicos sofrimentos por uma causa, por um ideal que se identificava sempre com a *verdade* e o *bem*, e nunca com a autossatisfação hedonista ou o interesse egoísta. Este era o comum denominador dos grandes personagens bíblicos — Moisés, Davi, Judite, Ester... —, dos heróis pagãos — Aquiles, Penélope, Eneias, Dido... — e dos heróis cristãos, quer se tratasse de mártires, de virgens enamoradas de Deus, de grandes servidores dos pobres; quer de modelos de cavaleiro cristão, como o rei São Luís da França ou El-Rei Dom Sebastião; ou os heróis lendários como Sir Lancelot, Tirant lo Blanc e o louco e genial Dom Quixote de la Mancha. O espelho da grandeza era a virtude. E a virtude não só tolerava, mas exigia o sofrimento heroico, paciente, e o sacrifício desinteressado, até chegar à entrega — sem um arrepio — da própria vida.

Agora, essa página de milênios parece estar sendo rasgada em muitos ambientes, para grande satisfação de Satanás. Na chamada *modernidade*, o pai da mentira — pelos seus mil porta-vozes — pontifica na mídia, na televisão, na Internet, no cinema, nas revistas, nas letras das canções, nas aulas dos colégios, cursinhos e faculdades, nos consultórios psicológicos, psiquiátricos ou astrológicos, e a toda a hora diz, proclama, prega, como quem define um dogma de fé incontrovertível: «Abaixo a cruz, apaguemos a cruz, *deletemos* o sofrimento, o sacrifício sem gosto, desprezemos o sacrifício sem o prazer da ambição, do poder, da posse, da vaidade corporal, da vaidade profissional, da vaidade esportiva. Sejamos felizes, meus senhores, e convençamo-

-nos de que a felicidade não está nas balelas do *bem* nem da *virtude* — isso *já era!* —, mas no Prazer, que é o nosso único e verdadeiro bem, o nosso único e verdadeiro deus».

Com estes parâmetros começa infelizmente muitas vezes a *formação* de muitas crianças, que os pais não se atrevem a contrariar (comem o que querem, assistem aos programas de tv que querem, navegam na Internet como querem, falam grosso a quem querem, vestem como querem, sujam o que querem...); que pais e professores não ousam *limitar*, disciplinar, por medo de que sofram e fiquem com raiva ou traumatizadas.

Assim crescem muitos adolescentes, sem um mínimo de ordem, de autodomínio, de capacidade de sacrifício e de renúncia, sem condições de fazer algo de que *não gostem* ou que *não sintam*, pois, como todos dizem, isso não seria autêntico. Assim se abalançam a um sexo sem amor nem finalidade, desumanizado e bestial, em que o prazer é a única regra, e já não há respeito, nem ideal, nem amor, nem limites para as mais aberrantes e degradantes experiências.

E como a experiência do prazer é ávida e insaciável, nunca se chega ao limite. É preciso tentar também as drogas, mergulhar no álcool, sentir a embriaguez de jogos suicidas: *racha*, *roleta-russa*, etc. A vida egoísta, sem a finalidade de um *bem*, acaba devorando-se a si mesma.

Chega depois a idade adulta, e se manifestam então um homem ou uma mulher que, mesmo quando estão profissionalmente preparados, se revelam incapazes de assumir o sacrifício e de enfrentar a cruz que é necessária para edificar uma família, para ter e educar filhos, para ser fiéis, para ser honestos no trabalho, para compreender e suportar com paciência os defeitos dos colegas... Chegou a idade adulta e, como no conto de fadas, um dedo de criança invisível aponta para eles e diz: *O rei está nu!* Está nu, está despreparado, carente de virtudes, de amor à verdade e ao bem, de algo que não seja o prazer e a satisfação autista do seu *eu*.

Mas é justamente nesta cultura sem Cruz que se dá, em proporções nunca vistas na História, o máximo índice *per capita* de tristeza, de solidão, de tédio, de mau humor, de necessidade de fuga, de escravidão aos vícios e paixões, de violência, de desrespeito ao próximo, de vazio.

«A gente — diagnosticava mons. Escrivá em São Paulo, em 1974 — está triste. Fazem muito barulho, cantam, dançam, gritam — mas soluçam. No fundo do coração, só têm lágrimas: não são felizes, são desgraçados»[1].

No mesmo sentido, o Papa João Paulo II referia-se incisivamente a essa situação numa alocução de 18 de junho de 1991: «Não é difícil, mesmo para um observador que fique apenas no nível da psicologia e da experiência, descobrir que a degradação no campo do prazer e do amor é proporcional ao vazio que deixam no homem as alegrias que enganam e defraudam, procuradas naquilo que São Paulo chamava as "obras da carne": *Fornicação, impureza, libertinagem* [...], *bebedeiras, orgias e coisas semelhantes* (Gl 5, 19.21). A estas alegrias falsas podem acrescentar-se, e às vezes vão juntas, as que se procuram na posse e no uso desenfreado da riqueza, no exibicionismo do luxo e na ambição de poder».

As duas sabedorias

Contemplando as consequências da rejeição da Cruz, entende-se melhor o que Cristo acrescentou, depois de repelir a sugestão bem-intencionada de Pedro: *Tu és para mim um escândalo; teus pensamentos não são de Deus, mas dos homens* (Mt 16, 23).

Conforme a expressão original do Evangelho, o que nesta frase se traduz por *pensamento* significaria propriamente o *sentido profundo das coisas*, a *sabedoria* no sentido bíblico. Por isso, é como se Cristo tivesse dito a Pedro: «Não captas, não tens interiormente o saber e o sabor das coisas de Deus, mas das dos homens», só percebes as coisas *mundanas*.

É uma constante, na palavra de Deus no Novo Testamento, contrapor duas sabedorias: a humana ou carnal, que procede das más paixões instigadas pelo Inimigo (cf. Tg 3, 15); e a de Deus, que procede do Espírito Santo. Se há um ponto em que estas duas sabedorias se separam mais claramente, esse ponto é a Cruz.

São Paulo expressa-o com nitidez: *A linguagem da Cruz é loucura para os que se perdem, mas, para os que se salvam, é uma força divina [...]. Os judeus pedem milagres, os gregos reclamam a sabedoria; mas nós pregamos Cristo crucificado, escândalo para os judeus e loucura para os pagãos; mas para os eleitos — quer judeus quer gregos —, é força de Deus e sabedoria de Deus* (1 Cor 1, 18.22-25).

É sobre esta sabedoria de Deus, e especificamente sobre a *sabedoria da Cruz*, que desejaríamos refletir aqui um pouco. E o faremos — como dizíamos acima — procurando sobretudo ouvir o que Deus veio dizer-nos por meio da Cruz.

DEUS E A CRUZ

Por que a Cruz?

Temos pousado muitas vezes o olhar sobre imagens de Cristo crucificado. Todos nós, cristãos, já meditamos nas dores que dilaceraram o corpo e a alma do Senhor. E é natural que nos tenhamos perguntado: «Por que a Cruz, por que essa Cruz terrível? Era necessário tanto sofrimento do Filho de Deus para a redenção da humanidade?»

A resposta é: «Não». Todos os teólogos, todos os exegetas, todos os santos, dizem-nos que teria bastado o menor ato amoroso de Cristo, dotado de valor infinito — por ser verdadeiro Deus e verdadeiro homem —, para reparar por todos os pecados do mundo. Diante da Cruz de Cristo, estamos, pois — como afirmávamos acima —, num «território de Deus», num abismo de Dor, que a nossa lógica humana é incapaz de penetrar plenamente. Aos santos, esse abismo causava vertigens, vertigens amorosas, como contam que acontecia com São Francisco de Assis, extasiado diante de um crucifixo:

> *Era prudente esse amor, meu Salvador,*
> *Que te fez descer até à terra? [...]*
> *Esse amor teu que me endoidece assim*
> *Roubou-te a tua Sabedoria.*
> *Esse amor que me faz desfalecer*
> *Roubou-te a tua Onipotência.*

O *Poverello* de Assis ficava santamente desvairado ao contemplar a *loucura de Deus* de que fala São Paulo, que está acima da *sabedoria dos homens*.

Embora nós não «entendamos» essa loucura, vamos procurar ouvir a Deus — como ficamos de fazer — e assim poderemos vislumbrar, pelo menos, três grandes verdades sobre a Cruz de Cristo, que estão inseparavelmente unidas, de tal modo que é difícil falar de uma delas sem mencionar as outras duas:

— O Filho de Deus sofreu e morreu na Cruz para nos salvar.

— O sofrimento e a morte de Cristo na Cruz foram um ato indescritível do amor de Deus.

— Na Cruz, este amor de Deus transformou o sofrimento em vida e redenção.

Um mistério de salvação

Na profissão de fé cristã, afirmamos solenemente que Jesus Cristo, Filho

Unigênito de Deus, *por nós homens e pela nossa salvação*, desceu dos Céus, encarnou-se no seio da Virgem Maria e se fez homem, *por nós foi crucificado, padeceu e foi sepultado*, ressuscitou ao terceiro dia e subiu aos céus[2]...

É uma verdade da nossa fé que São Paulo considerava básica, fundamental: *Transmiti-vos, em primeiro lugar* — escreve aos de Corinto — *o que eu mesmo recebi: que Cristo morreu pelos nossos pecados...* (1 Cor 15, 1). É uma verdade constantemente proclamada no Novo Testamento[3].

Repisemos — agora usando palavras de São Tomás de Aquino — que «essa verdade, isto é, que Cristo morreu por nós, é de tal modo difícil, que a nossa inteligência pode apenas apreendê-la, mas de modo algum descobri-la por si mesma [...]. A graça e o amor de Deus para conosco são tão grandes, que

Ele fez por nós mais do que podemos compreender»[4].

É assim mesmo. Mas, embora não compreendamos esse mistério, captamos um pouco dele; e esse pouco, mesmo sendo imperfeito, é uma forte luz para nós. Uma vez que sabemos — porque Deus o revelou — que Ele escolheu a Cruz para nos salvar, podemos entrever alguma coisa dos motivos, das «razões» dessa escolha divina, guiados pelo que o próprio Deus nos manifesta.

A primeira «razão» que se ilumina é a seguinte: só Cristo, como Filho Unigênito — Deus e homem — podia tomar sobre si os pecados de todos os homens com «um amor para com o Pai que superasse o mal de todos os pecados»[5], com um amor infinitamente maior que a maldade. Não só quis, por assim dizer, pagar o preço suficiente pelos nossos pecados (teria bastado uma gota do seu sangue), mas submergir todo o pecado, todo o mal do mundo — passado, presente e futuro — *na plenitude do seu amor*, imenso como um oceano sem limites, e autenticado pela prova de fogo do sofrimento.

Nisto se manifestou o amor de Deus para conosco — diz São João, o Apóstolo —: *em que enviou o seu Filho unigênito ao mundo, para que por Ele vivamos* [...]. *Nisto conhecemos o amor: Ele* [Jesus] *deu a sua vida por nós* [...]. *Ele é a propiciação pelos nossos pecados, e não somente pelos nossos, mas pelos de todo o mundo* (1 Jo 4, 9; 3, 16 e 2, 2).

Podemos, deste modo, dizer que Jesus na Cruz é o «abraço amoroso de Deus» que envolve, protege e salva os seus filhos perdidos, manchados e feridos de morte pelo pecado. Cristo, que *veio salvar o que estava perdido* (cf. Lc 19, 10), interpõe-se entre os nossos pecados e o castigo que mereciam; por assim dizer, deixa que se arremessem ferozmente contra Ele todos os crimes, todos os males, todas as perversidades de todos os homens, e assume-os como se fossem próprios, para expiá-los. O pecado parece derrubar, destruir, aniquilar Jesus, mas é Ele quem o vence pelo amor, lavando-o com o seu sangue. Depois, triunfante, ressuscitará *para a nossa justificação* (Rm 4, 25), derramará copiosamente a graça do Espírito Santo nos nossos corações (cf. Rm 5, 5), e abrir-nos-á as portas da felicidade eterna.

Foi Ele — profetizara Isaías — *que carregou sobre si as nossas enfermidades e carregou com as nossas dores [...]. Por nossas iniquidades é que foi ferido, por nossos pecados é que foi torturado. O castigo que nos havia de trazer a paz caiu sobre ele, e por suas chagas fomos curados* (Is 53, 4-5).

«Para transmitir ao homem o rosto do Pai — diz João Paulo II —, Jesus teve não apenas de assumir o rosto do homem, mas de tomar também o "rosto" do pecado: *Aquele que não havia conhecido o pecado, Deus o fez pecado por nós para que nos tornássemos nele justiça de Deus* (2 Cor 5, 21)»[6].

A Cruz atinge as raízes do mal

Demos mais um passo. Também podemos perceber, em segundo lugar, que é precisamente por meio da Cruz que Deus «atinge as *raízes do mal*, que se embrenham na história do homem e das almas humanas»[7].

Qual foi, e continua a ser, a raiz primeira do mal, do pecado? O orgulho, o egoísmo. O pecado dos nossos primeiros pais foi — revela-nos a Bíblia — um pecado de orgulho e de desobediência (cf. Gên 3, 1 e segs.). Todos os nossos pecados, no fundo, consistem nisso mesmo:

em virar as costas a Deus, em desobedecer ao que o seu amor nos pede e voltar-nos para nós mesmos, como se fôssemos o centro de tudo — *sereis como deuses* (Gn 3, 5) —, movidos pelo egocentrismo orgulhoso e cobiçoso.

Essa foi a raiz do pecado. E a raiz da entrega de Cristo na Cruz, qual foi? São Paulo dá-nos a resposta: foi a humildade e a obediência do Filho de Deus. *Humilhou-se a si mesmo, feito obediente até à morte, e morte de Cruz* (Fl 2, 8). Com o seu amor salvador, Cristo foi até ao fundo do mal e aplicou-lhe, como médico divino, o remédio na própria raiz. Ao orgulho, *princípio de todo o pecado* (Ecl 10, 15), aplicou o remédio da sua humildade: um Deus-homem que se humilha. À desobediência, aplicou o remédio da obediência: um Deus-homem que cumpre a vontade do Pai até à morte, até à Cruz.

Com expressão que faz pensar, a Carta aos Hebreus afirma que Cristo, *apesar de Filho de Deus, aprendeu a obedecer por aquilo que sofreu, e, uma vez atingida a perfeição, tornou-se, para todos os que lhe obedecem, fonte de salvação eterna* (Hebr 5, 89). Enquanto homem, Cristo fez a experiência da obediência humana. No desafio da Cruz, lutou por unir a sua vontade à do Pai. Essa obediência fê-lo atingir a *perfeição* do sacrifício redentor com que reparou a desobediência de Adão e as nossas desobediências. *Assim como, pela desobediência de um só [Adão], muitos se tornaram pecadores, assim também, pela obediência de um só [Cristo], muitos se tornaram justos* (Rm 5, 19).

Um mistério de amor

Cristo, ao sofrer, faz a vontade do Pai, acabamos de vê-lo. Com isso, estamos prontos para assomar o olhar a mais uma abertura que nos permitirá alcançar de Deus novas luzes sobre o mistério da Cruz.

No Horto das Oliveiras, antes de padecer a Paixão, Cristo reza ao Pai: *Abá, Pai! Tudo te é possível; afasta de mim este cálice. Contudo, não se faça o que eu quero, mas o que tu queres* (Mc 14, 34-36).

Jesus é homem, e sente profunda repugnância pelo sofrimento. Mas o coração de Cristo encerra todo o Amor — todo o Amor divino num coração humano — e por isso *quer* acima de tudo o que o Pai quer, que é a nossa salvação. A palavra *querer* tem aqui a dupla riqueza de sentido que possui na nossa língua. Por um lado, significa o ato íntimo da vontade livre, não forçada; por outro, expressa o bem-querer, o ato de amor. Ambos os sentidos estão presentes na alma de Cristo.

Cristo *quis* a Cruz, livremente. Desejou-a com ardor: *Com um batismo de sangue tenho que ser batizado, e como trago o coração apertado até que ele se realize!* (Lc 12, 50). A Cruz não caiu de repente sobre Ele, como uma árvore que se atravessa inesperadamente no caminho. Ele amou-a livremente, ofereceu-se a ela, abraçou-a. «Com que amor se abraça — comenta mons. Escrivá — ao lenho que Lhe há de dar a morte!»[8]

O seu Sacrifício redentor foi, pois, plenamente voluntário. A Cruz foi o seu altar, e Jesus encaminhou-se para ela como Sacerdote, a fim de se oferecer a si mesmo como Vítima (cf. Hb 7, 27). *Cristo amou-nos e por nós se entregou a Deus como oferenda e sacrifício de agradável odor* (Ef 5, 1).

«A morte do Salvador — diz São Francisco de Sales — foi rigoroso holocausto que Ele próprio ofereceu ao Pai para a nossa redenção; ainda que as dores e padecimentos da sua paixão tenham sido tão graves e fortes que qualquer outro mortal teria sucumbido a eles, a Jesus não lhe teriam dado morte se Ele não o tivesse consentido, e se o fogo do seu amor infinito não tivesse consumido a sua vida. Ele foi, pois, sacrificador de si mesmo; ofereceu-se ao Pai e imolou-se no amor»[9].

Para que não tivéssemos disso a menor dúvida, pouco antes da Paixão Jesus disse de modo explícito ao povo, em Jerusalém, que o seu sacrifício era um ato de doação: *Eu dou a minha vida* [...]. *Ninguém ma tira; sou eu que a dou por mim mesmo* (Jo 10, 17-18). E, na Última Ceia, atualizando já antecipadamente o mistério da Paixão — que deixou perenemente presente no mistério da Eucaristia —, *deu-nos* o seu Corpo e Sangue:

o meu corpo, que vai ser entregue por vós; o meu sangue, que vai ser derramado por vós (Lc 22, 19-20).

Vemos, pois, que Deus ama a Cruz porque nos ama a nós; e é mediante a Cruz que quer manifestar-nos patentemente a infinita grandeza do seu amor.

«Cristo sofre e morre por amor — escreve Javier Echevarría —. O Pai envia o Filho para que, ao entregar a sua vida, dê testemunho definitivo do amor, e flua dEle, da Cruz, o Espírito Santo que tornará possível a nossa fé e, com esse dom divino, a salvação [...]. Deus é o Deus do amor e da vida: um Deus que vence o pecado, o desamor e a morte que do desamor deriva, precisamente com o seu Amor, e nos faz renascer dessa forma para uma vida nova que não terá fim»[10].

Mistério de amor sem fim

Vamos dar outro passo na nossa reflexão. E começaremos pelas palavras que São João usa para sintetizar o que aconteceu na Última Ceia e na Paixão de Jesus: *Tendo amado os seus que estavam no mundo, amou-os até o fim* (Jo 13, 1).

Amar *até o fim* significa que, no caminho da sua entrega por nós na Cruz, Jesus seguiu todas as etapas, sem deixar uma só, e chegou até o final. As penúltimas palavras que pronunciou na Cruz foram: *Tudo está consumado* (Jo 19, 30), antes de clamar: *Pai, nas tuas mãos entrego o meu espírito!* (Lc 23, 46).

Mas *amar até o fim* também significa que Cristo, na Cruz, nos amou sem limite algum, sem recuo algum, sem poupar-se em nada, até ao máximo extremo.

Nada limitou o seu amor. Não se deteve em barreiras, não o arredou nenhuma dor, nenhum sacrifício, nenhum horror. Acima do seu bem-estar, da sua honra, da sua vida, colocou a salvação dos que amava, de cada um de nós.

Já pensamos no que é um amor ilimitado? Um amor que não depende de nada, nem exige nada, para se dar por inteiro? O amor de Cristo começa sem que nós o tenhamos amado, não é retribuição, é puro dom; e chega até ao extremo ainda que nós não correspondamos, melhor dizendo, no meio de uma brutal falta de correspondência. *Nisto consiste o amor* — esclarece São João —: *não em termos nós amado a Deus, mas em que Ele nos amou primeiro e enviou o seu Filho para expiar os nossos pecados* (1 Jo 4, 10).

A meditação da Paixão, neste sentido, é transparente. Nenhum sofrimento físico aparta Jesus da Cruz. Basta que contemplemos — como numa sequência rápida de planos cinematográficos — Jesus preso, amarrado, arrastado indignamente, esbofeteado, açoitado até a sua carne se converter numa pura chaga, coroado de espinhos, esfolado e esmagado sob o peso da Cruz, cravado com pregos ao madeiro, torturado pela dor, pela sede, pelo esgotamento... Nada o detém na sua entrega amorosa.

Podemos projetar também — em *flashes* consecutivos — a sequência dos seus sofrimentos morais, e perceber que tampouco conseguiram afastá-lo de chegar até ao fim. É caluniado, ridicularizado, julgado iniquamente, condenado injustamente; alvo de dolorosa ingratidão, de hedionda traição; é ferido pela infidelidade, pela falta de correspondência dos que amava e escolhera como Apóstolos; é atingido pelas troças mais grosseiras, pelos insultos mais ferinos, por escarros e tapas no rosto... Nada o faz recuar, nem sequer a última humilhação, pois não o deixaram morrer em paz, e desrespeitaram com zombarias e insultos os últimos instantes da sua agonia. Os que passavam perto da Cruz *sacudiam a cabeça e diziam: «Se és o Filho de Deus, desce da cruz!» Os príncipes dos sacerdotes, os escribas e os anciãos também zombavam dele: «Ele salvou a outros e não pode salvar-se a si mesmo! Se é rei de Israel, desça agora da cruz e creremos nele; confiou em Deus, que Deus o livre agora, se o ama...»* (Mt 27, 39-43).

Esta doação sem limites de Cristo é o *Amor que nos salva*, o caminho que Ele quis escolher para nos livrar do mal, afogando-o em si — no seu Amor — como num abismo. Ao mesmo tempo, é um contínuo apelo ao nosso amor. «Quem não amará o seu Coração tão ferido? — perguntava São Boaventura —. Quem não retribuirá o amor com amor?

Quem não abraçará um Coração tão puro? Nós, que somos de carne, pagaremos amor com amor, abraçaremos o nosso Ferido, a quem os ímpios atravessaram as mãos e os pés, o lado e o Coração. Peçamos que se digne prender o nosso coração com o vínculo do seu amor e feri-lo com uma lança, pois é ainda duro e impenitente»[11].

Olhar para Cristo

Se, sem tirar o olhar de Cristo na Cruz, nos perguntássemos agora: «O meu amor tem *fim*? Onde é que costuma naufragar o meu amor a Deus e o meu amor aos outros?» — creio que teríamos de responder: «Naufraga à beira da Cruz».

A repugnância pelo sofrimento, o medo do sacrifício, a resistência à doação generosa, paralisam o nosso amor e acabam por apagá-lo.

Hoje, infelizmente, podemos apanhar do chão milhares de amores, de afetos, de compromissos de fidelidade, de ideais generosos, que acabaram atirados por terra como um buquê de flores murchas.

E tudo porque a vida — porque Deus —, num dado momento, nos pediu que nos déssemos um pouco mais, que renunciássemos um pouco mais, que tolerássemos pacientemente um pouco mais, que perdoássemos (que é «dar») um pouco mais, e não o soubemos fazer. Muitas vezes acabou vencendo, infelizmente, o Inimigo, aquele que nunca deixa de insinuar, na hora da crise ou da dificuldade: «Para que sofrer? O importante é viver a vida, aproveitar a vida. Não precisa sacrificar-se mais. Não precisa aguentar mais. Procure-se a si mesmo. Você tem direito aos seus gostos, à sua "realização", ao seu prazer, à sua liberdade sexual! Viva a sua vida!» E assim, afastando-os da Cruz, consegue que muitos amores definhem antes de terem sequer começado a amadurecer.

Se vemos algo disso na nossa vida — mesmo que seja só um começo dessas crises —, pensemos que está na hora de pegarmos a balança, a fita métrica e a tabela que carregamos no coração (os medidores mesquinhos do nosso calculismo egoísta), e lançá-las ao fundo do mar, antes de que elas nos lancem no atoleiro da infelicidade terrena e eterna.

O sofrimento transfigurado

Finalmente, procuremos dirigir o olhar para mais uma luz do mistério da Cruz.

João Paulo II põe em relevo essa luz com estas frases profundas: «Por obra de Cristo, *o sentido do sofrimento mudou radicalmente* [...]. É necessário descobrir nele a potência redentora, salvadora, do amor. O mal do sofrimento, no mistério da redenção de Cristo, fica superado e de todas as maneiras transformado: converte-se na força para a libertação do mal, para a vitória do bem.

«À luz desta verdade — prossegue o Papa —, todos os que sofrem podem sentir-se chamados a participar da obra da redenção realizada por meio da Cruz. Participar da Cruz de Cristo significa acreditar na potência salvífica do sacrifício que todos os fiéis podem oferecer junto com o Redentor»[12].

Cristo não suprimiu o sofrimento: assumiu-o, fê-lo seu. Não eliminou o sofrimento, mas transfigurou-o em meio e expressão de amor e de redenção. Deixou-o no mundo, não como um lastro mortal, mas como uma fonte de vida e de alegria.

Ao lermos estas palavras que recolhem os fulgores da verdade cristã, talvez sintamos de novo aquela vertigem ante o «abismo da Dor» a que nos referimos várias vezes.

Se for assim, olhemos de novo para Cristo e repassemos tudo o que estivemos considerando até agora. Tenhamos presente que — como ensina a Igreja — «o Filho de Deus, pela sua Encarnação, se uniu de certo modo a cada homem»[13], a cada um de nós. Dizer isto não é exagero nem retórica; pelo contrário, nós, os cristãos, podemos afirmar, com alegre convicção, que Cristo está unido aos nossos sofrimentos como se fossem seus. Ele sofre conosco, une a nossa dor à sua dor na Cruz, e quer ajudar-nos a transformar os nossos padecimentos — dando-lhes o mesmo sentido que aos dEle — num tesouro de amor, de graça, de salvação, de gozo (cf. Rm 8, 17-18).

Por isso, quando sentirmos o peso do sofrimento, e talvez nos perguntemos: «Por que Deus, que é bom, me deixa sofrer assim?», fitemos Jesus na Cruz e digamos: «O meu Deus não é um Deus longínquo, que contempla fria ou indiferentemente as dores dos homens. Não está olimpicamente fechado na sua glória bem-aventurada, para lá das estrelas. Se fosse assim, seria difícil não nos sentirmos confusos, desolados e até revoltados. Mas não, o meu Deus é Jesus Cristo, é nEle que eu creio. E Cristo compartilhou conosco todas as nossas dores, quis conhecê-las todas, quis prová-las todas. Ele sabe. Ele me entende. Ele me acompanha. No sofrimento, Ele está, mais do que nunca, perto de mim. No sofrimento, eu posso estar, mais do que nunca, unido a Ele».

Então, ao encararmos o abismo da Dor — sobretudo quando o nosso sofrimento for mais intenso —, em vez de vermos um buraco negro ameaçador, contemplaremos o rosto de Cristo, e perceberemos que nos olha com ternura, nos anima e — sorrindo — nos faz entender, como aos discípulos após a Ressurreição, que o sofrimento por Ele transfigurado é a porta que — juntamente com Ele — nos conduz para o Amor eterno, para a Alegria, para a Glória (cf. Lc 24, 26).

Então, nenhum sofrimento nos parecerá grande demais, e poderemos dizer com São Paulo que *a nossa leve e momentânea tribulação prepara-nos, para além de toda e qualquer medida, um peso eterno de glória* (2 Cor 4, 17); encontraremos a paz na dor, e proclamaremos com alegria: *Tenho como coisa certa que os sofrimentos do tempo presente nada são, em comparação com a glória que se há de revelar em nós* (Rm 8, 18).

NÓS E A CRUZ

PRIMEIRA PARTE: O SOFRIMENTO

Seguir os passos de Cristo

Mais uma vez, disponhamo-nos a escutar o que Deus nos quer dizer sobre o mistério da Cruz. Agora, sobre a Cruz *na nossa vida*, sobre os nossos sofrimentos.

Cristo sofreu por vós — escrevia São Pedro —, *deixando-vos o exemplo, para que sigais os seus passos* (1 Pe 2, 21). O espírito com que Cristo abraçou a Cruz — sobre a qual acabamos de meditar — é o modelo do espírito com que nós, os cristãos, devemos receber o sofrimento.

Já considerávamos que, na própria dor da Cruz, Cristo via a vontade do Pai. Por isso, no Horto das Oliveiras rezava dizendo *Abá, Pai! Seja feita a tua vontade!* (Mt 26, 42). Suava um suor de sangue, porque lhe custava padecer; mas, ao mesmo tempo, entregava-se com amor ardente à vontade do Pai.

Os bons imitadores de Cristo entregam-se assim à vontade de Deus, na hora dos grandes e dos pequenos sofrimentos. O seu exemplo ilumina também o sentido que a dor deve ter na nossa vida.

Em 1535, São Thomas More, ex--chanceler da Inglaterra — um dos três homens mais cultos da Europa do século XVI —, foi condenado à morte pelo rei Henrique VIII, por se ter recusado a trair a sua fidelidade à Igreja Católica.

Estando prisioneiro na Torre de Londres, já próximo do martírio, escreveu umas linhas à sua filha Margareth, que a Igreja recolhe com veneração na Liturgia das Horas: «Minha querida Margareth, estou absolutamente convencido de que, sem culpa minha, Deus não me abandonará. Por isso, com inteira esperança e confiança entrego-me todo a Ele [...]. Tem, pois, bom ânimo, minha filha, e não fiques tão preocupada com o que me possa acontecer neste mundo. Nada poderá acontecer que Deus não queira. E tudo o que Ele quer, mesmo que nos pareça mau, é na verdade realmente ótimo»[14].

Esse mesmo abandono confiante na vontade do Pai adejava na alma de São Josemaria Escrivá*, um homem

---

(*) O leitor observará que, nestas páginas, cito com muita frequência São Josemaria Escrivá. Tenho

de Deus que saboreou até ao fundo o cálice da dor: «Foi perseguido, falsamen-
te acusado e caluniado em público. Eu
próprio — dizia o pe. Antônio Rodilla —
tive que desfazer embustes diante de
bispos [...]. Havia ferocidade e pertiná-
cia na perseguição»[15].

Mons. Escrivá, todas as vezes em que
os grandes sofrimentos se abatiam sobre ele, depois de perdoar de coração e
de rezar pelos perseguidores, punha-se
de joelhos diante do sacrário, dirigia-se
a Jesus presente na Eucaristia e repetia com fé transida de amor esta oração: «Faça-se, cumpra-se, seja louvada
e eternamente glorificada a justíssima

---

vários motivos para fazê-lo, e um deles é bem pode-
roso: foi dele, especialmente do convívio com ele, que
aprendi o valor da Cruz, o amor à Cruz, a alegria da
Cruz. Quem me dera que, com a ajuda de Deus, con-
seguisse viver pelo menos um pouquinho dessa *sabedoria da Cruz* que ele praticou e ensinou.

e amabilíssima Vontade de Deus sobre todas as coisas. — Assim seja. Assim seja». Ficava com uma imensa paz e uma serena alegria. Acrescentava outras vezes: «Jesus, o que Tu "quiseres"..., eu o amo». E depois podia transmitir a sua experiência: «A aceitação rendida da Vontade de Deus traz necessariamente a alegria e a paz, a felicidade na Cruz. — Então se vê que o jugo de Cristo é suave e o seu fardo não é pesado». E tinha força moral para declarar aos que o ouviam: «Quero que sejas feliz na terra. — Não o serás se não perdes esse medo à dor. Porque, enquanto "caminhamos", na dor está precisamente a felicidade»[16].

A dor que é fonte de paz

Mas nem todos sofrem assim. Há muitos que deixam que a dor lhes destrua o amor — pelo menos, que destrua o amor a Deus — e a alegria.

Faz alguns anos, no espaço de um mês, tive que ficar muito perto de dois grandes sofrimentos: dois casos de pais que haviam perdido um filho adolescente de maneira repentina e trágica. Conversei longamente com o primeiro e, uns trinta dias mais tarde, com o outro.

O primeiro afundara-se numa dor insuportável, que lhe abalou os alicerces da vida e lhe asfixiou a fé. Repetia depois, ao longo dos anos, num desabafo amaríssimo e cheio de rancor, que a sua vida tinha perdido o sentido, que não sabia se Deus existia ou não, mas que pouco lhe importava, porque já o tinha «apagado» e não queria saber mais dEle. Fechado na sua solidão desesperada, definhava e tornava difícil a existência dos que conviviam com ele.

O segundo pai sofreu tanto como o primeiro. Mas não permitiu que o sofrimento lhe vendasse os olhos nem se encapsulou na sua dor. No meio das lágrimas, fixou com força o olhar da alma em Cristo crucificado e, unido a Ele, rezou: *Pai, seja feita a vossa vontade!* Dentro do seu coração dizia: «Não entendo essa tua vontade, Pai, mas creio em Ti, espero em Ti, amo-Te acima de todas as coisas».

No velório, ver esse pai — e a mãe igualmente, com o mesmo espírito — rezar junto do corpo do filho não causava constrangimento, mas comunicava uma serenidade superior a qualquer paz que se possa experimentar nesta terra, e elevava todos os circunstantes para Deus, cuja presença lá se *apalpava*. Era uma alegria insólita e poderosa, misturada com uma dor muito forte, que se apresentava como um enigma aos olhos dos frios e dos descrentes. Era mesmo um lampejo da *sabedoria da Cruz*.

«Entender» e «saber»

Como esse segundo pai, nós também muitas vezes não «entendemos» o sofrimento — já o víamos —, e é natural. É difícil compreender a doença incurável, a incapacitação física, a ruína psicológica dos que amamos, o desastre econômico... Não «entendemos», mas... «sabemos» — com a certeza indestrutível da fé — que Deus é Pai, que *Deus é amor* (1 Jo 4, 8) e, portanto — como diz com cálido otimismo São Paulo —, *nós sabemos que Deus faz concorrer todas as coisas para o bem daqueles que o amam* (Rm 8, 28); faz concorrer para o bem, muito especialmente, os sofrimentos que Ele mesmo nos envia, ou os que Ele permite, ainda que os não queira, porque causados pela maldade dos homens.

Então, essa nossa fé — dom precioso de Deus que não queremos extinguir — permite-nos o paradoxo inefável de sofrer e ter paz, de sofrer e manter no íntimo da alma uma misteriosa e fortíssima alegria, uma imorredoura esperança. Assim sofreu Cristo na Cruz, como escreve o Papa João Paulo II na sua Carta *No início do terceiro milênio*, comentando que não é fácil compreender «como Jesus pôde viver simultaneamente a união profunda com o Pai, por sua natureza fonte de alegria e beatitude, e a agonia até o grito de abandono». E acrescenta que essa realidade — que parece desafiar a inteligência dos teólogos — é compreendida pela íntima sintonia e a experiência viva dos santos. Cita, a propósito, Santa Catarina de Sena, que ouvia Deus

Pai dizer-lhe que as almas santas «imitam o Cordeiro imaculado, meu Filho Unigênito, que na Cruz se sentia feliz e atormentado», e Santa Teresinha, que escrevia à Superiora: «Nosso Senhor, no Horto das Oliveiras, gozava de todas as alegrias da Trindade, e todavia a sua agonia não era menos atroz. É um mistério; mas posso assegurar-lhe que compreendo alguma coisa desse mistério a partir do que sinto em mim mesma»[17].

Os que se entregam nas mãos de Deus Pai sentem que a Cruz se lhes torna doce — «uma Cruz sem Cruz»[18] — e os inunda de uma suavidade amável. Escutam e escutarão sempre as palavras de Cristo, que nos diz na hora da dor: *Vinde a mim, vós todos que estais aflitos sob o fardo, e eu vos aliviarei. Tomai o meu jugo sobre vós e aprendei de mim, que sou manso e humilde de coração, e achareis repouso para as vossas almas. Porque o meu jugo é suave e o meu peso é leve* (Mt 11, 28-30).

E chegarão a exclamar, como Santa Teresa de Ávila: «Ó Senhor, o caminho da Cruz é o que reservais aos vossos amados!»[19]

A dor que faz amadurecer

Num conto intitulado *O espelho*, João Guimarães Rosa descreve, simbolicamente, uma experiência que os místicos cristãos conhecem em profundidade.

O protagonista da *estória* empreende a aventura de descobrir o seu verdadeiro rosto — o seu autêntico *eu* — num espelho-símbolo. Tenta depurar a sua figura de tudo o que é superficial, animal, passional e espúrio, e acaba não vendo nada: «Eu não tinha formas, rosto?» Prosseguindo na experiência, só «mais tarde, ao fim de uma ocasião de sofrimentos grandes», quando «já amava — já aprendendo, isto seja, a conformidade e a alegria», é que começou a ver-se como o esboço inicial de um menino que emergia do vazio, isto é, viu o seu rosto verdadeiro que começava a *nascer*. No final da *estória*, o protagonista pergunta-se: «Você chegou a existir?»[20]

O escritor lembra-nos, com isso, que a pessoa que não sofreu não aprendeu a amar de verdade; e que a pessoa que não aprendeu a amar não amadureceu; pode-se dizer que ainda não está «feita», ainda não «existe».

Nós... «existimos»? Somos *aquele* que deveríamos ser, aquele que Deus espera de nós? A resposta — sim ou não — dependerá quase sempre de como sabemos sofrer. Tem muita razão o poeta quando diz: «As pessoas que não conhecem a dor são como igrejas sem benzer»[21].

Deus «faz-nos» com o sofrimento, modela-nos como um escultor, dá-nos a qualidade de um verdadeiro homem ou mulher, de um verdadeiro filho de Deus. A Cruz — poderíamos dizer — é a grande ferramenta formativa de Deus.

Três meses antes de morrer, mons. Escrivá fazia um rápido balanço da sua vida, e resumia: «Um olhar para trás... Um panorama imenso: tantas dores, tantas alegrias. E agora tudo alegrias, tudo alegrias... Porque temos a experiência de que a dor é o martelar do Artista, que quer fazer de cada um, dessa massa informe que nós somos, um crucifixo, um Cristo, o *alter Christus* [o outro Cristo] que temos de ser»[22].

Essa visão essencialmente cristã é a que lhe inspirou sempre a pregação sobre a dor, baseada na sua própria experiência de alma enamorada de Deus: «Não te queixes, se sofres — escrevia —. Lapida-se a pedra que se estima, que tem valor. Dói-te? — Deixa-te lapidar, com agradecimento, porque Deus te tomou nas suas mãos como um diamante... Não se trabalha assim um pedregulho vulgar»[23]. Por isso, mons. Escrivá não entendia que se falasse da Cruz com tristeza, de modo lamuriento e com ares de vítima. Todos os anos, no dia primeiro de janeiro, anotava no seu calendário litúrgico um lema espiritual para o período que se iniciava. Muitas vezes, esse lema foi: *In laetitia, nulla dies sine Cruce!* (Com alegria, nenhum dia sem Cruz!).

Deus sempre nos faz bem por meio da Cruz, seja qual for, quando nós o «deixamos» fazer. Assim como nos salvou pela Cruz, assim também nos aperfeiçoa e nos santifica por meio da Cruz.

Não exclusivamente mediante a Cruz — também nos santificam muitas alegrias, trabalhos que amamos, carinhos que nos enriquecem... —, mas certamente não sem ela.

A dor que nos purifica

A Cruz, o sofrimento, purifica-nos. O sofrimento abre-nos os olhos para panoramas de vida maiores, mais verdadeiros e mais belos. O sofrimento ajuda-nos a escalar os cumes do amor a Deus e do amor ao próximo.

São inúmeras as histórias de homens e mulheres que, sacudidos pelo sofrimento, acordaram: adquiriram uma nova visão — que antes era impedida pela vaidade, pela cobiça e pelas futilidades — e perceberam, com olhos mais puros, que o que vale a pena de verdade na vida é Deus que nunca morre, nem trai, nem quebra; descobriram que nEle se acha o verdadeiro amor pelo qual todos ansiamos e que nenhuma outra coisa consegue satisfazer; entenderam que o que importa são os *tesouros no Céu*, que nem a traça rói nem os ladrões arrebatam (cf. Mt 6, 20); e perceberam, enfim, que os outros também sofrem, e por isso decidiram-se a esquecer-se de si mesmos e a dedicar-se a aliviá-los e ajudá-los a bem sofrer.

É uma lição encorajadora verificar que, na vida de São Paulo, as tribulações se encadeavam umas às outras, sem parar, mas nunca o abatiam. É que ele não as via como um empecilho, mas como graças de Deus e garantia de fecundidade, de modo que podia dizer de todo o coração: *Trazemos sempre em nosso corpo os traços da morte de Jesus, para que também a vida de Jesus se manifeste em nosso corpo* (2 Cor 4, 10).

E ainda: *Sinto alegria nas fraquezas, nas afrontas, nas necessidades, nas perseguições, no profundo desgosto sofrido por amor de Cristo; porque quando me sinto fraco, então é que sou forte!* (2 Cor 12, 10). E até mesmo, com entusiasmo: *Nós nos gloriamos das tribulações, pois sabemos que a tribulação produz a paciência; a paciência, a virtude comprovada; a virtude comprovada, a esperança. E a esperança não desilude, porque o amor de Deus foi derramado nos nossos corações pelo Espírito Santo que nos foi dado* (Rm 5, 3-5). É o retrato perfeito da alma que se agiganta no sofrimento, que se deixa abençoar pela Cruz.

Outro exemplo muito significativo. Uma perseguição injusta dos seus próprios confrades arrastou São João da Cruz a um cárcere imundo. Todos os dias era chicoteado e insultado. Mal comia. Suportava frios e calores estarrecedores.

Para ler um livro de orações, tinha que erguer-se nas pontas dos pés sobre um banquinho e apanhar um filete de luz que se filtrava por um buraco do teto. Pois bem, foi nesses meses de prisão, num cubículo infecto, que ganhou o perfeito desprendimento, alcançou um grau indescritível de união com Deus e compôs, inundado de paz, a *Noite escura da alma* e o *Cântico espiritual*, obras que são consideradas dois dos cumes mais altos da mística cristã. E, uma vez acabada a terrível provação, quando se referia aos seus torturadores, chamava--os, com sincero agradecimento, «os meus benfeitores».

As histórias de mulheres e de homens santos que se elevaram na dor poderiam multiplicar-se até o infinito: mães heroicas, mártires da caridade... Daria para encher uma biblioteca só a vida dos mártires do século XX, como

São Maximiliano Kolbe, que na sua cruz — na injustiça do campo de concentração nazista, nos tormentos, na morte — achou e soube dar o amor e a vida com alegria.

A dor que nos «chama»

Mas estamos a falar dos mártires, dos grandes sofrimentos dos santos, e não devemos esquecer que também são a Cruz, a santa Cruz, as contrariedades, dores, doenças, injustiças e mil outros padecimentos menores que Deus envia ou permite na nossa vida diária, para nos santificar.

Vai-nos ajudar a pensar nisto uma frase incisiva de mons. Escrivá, comentando a passagem da Paixão de Cristo em que os soldados obrigaram Simão Cireneu, que passava por ali, a carregar a Cruz de Jesus: «Às vezes, a Cruz aparece sem a procurarmos: é Cristo que pergunta por nós»[24].

A maior parte das «cruzes» aparece-nos sem as termos procurado. São as moléstias físicas ou psíquicas; são os aborrecimentos que surgem no mundo do nosso trabalho; são as dificuldades e aflições econômicas, o desemprego, a insegurança...; ou então os sofrimentos que surgem no convívio habitual com a família: asperezas de caráter do marido ou da mulher, desgostos com os filhos, parentes desabusados ou intrometidos, indelicadezas, ofensas...

Todo o tipo de sofrimento nos interpela. Que resposta lhe damos? Não poucas vezes, a nossa reação espontânea é a irritação, o protesto, ou a aflição, a tristeza, o desânimo. Há corações que não sabem sofrer, ficam perdidos diante dos sofrimentos cotidianos, e sucumbem esmagados por umas «cruzes» que sentem como se fossem uma laje que os asfixia, quando Deus lhas oferece como asas para voar.

Deveriam lembrar-se do mau ladrão. Junto de Jesus crucificado, deixou-se arrastar pelo ódio à Cruz. Morreu contorcendo-se e espumando de raiva na sua cruz inútil. Pelo contrário, o bom ladrão soube descobrir na sua cruz uma escada que lhe serviu para chegar a Cristo e subir ao Céu (cf. Lc 23, 39-43).

Não vale a pena contorcer-se e protestar. Assim, Deus não nos poderá «trabalhar». «Sofreremos mais e inutilmente»[25], e nenhum proveito tiraremos da dor.

Qualquer sofrimento nos interpela, dizíamos. Também Cristo foi interpelado, na Cruz, por todo o tipo de sofrimento, por cada um daqueles padecimentos com que o feriram os nossos pecados.

E como respondeu? De cada ferida que recebia, brotava um ato de amor e uma virtude. Esse é o exemplo para o qual devemos olhar.

Acusado com mentiras revoltantes, responde com a mansidão. Provocado maldosamente, responde com o silêncio. A cada chicotada, a cada espinho que lhe fere a cabeça, a cada prego que lhe atravessa as mãos e os pés, responde com a paciência; a cada ofensa, responde com o perdão; a cada escarro, a cada bofetada, responde com a humildade; a cada bem que lhe tiram (sangue, pele, honra, roupas), responde dando; à rejeição dos homens, responde entregando-se totalmente por eles.

A cruz que ensina a amar

Sim, cada uma das nossas dores traz uma mensagem de *Cristo que pergunta por nós.* Do alto da Cruz, Ele olha-nos pessoalmente, chama-nos com carinho pelo nosso nome e pergunta-nos: «Não queres aprender a sofrer comigo? Não queres transformar a tua dor em amor? Não queres ter um sofrimento santificador?»

Quando nos decidiremos a isso? Quando perceberemos essas interrogações afetuosas, essas sugestões da graça de Deus? «Perante esse pequeno desaforo — diz-nos Deus —, por que não responde com um silêncio paciente e humilde como o meu, sem ódio nem discussões? Se te custa aguentar o caráter daquela pessoa, por que não te esforças por viver melhor a compreensão e a desculpa amável? Quando alguém te ofende, por que — sem deixares de defender serenamente o que é justo — não te esforças por perdoar, como Deus te perdoa?»

E, assim, quando as dores físicas ou morais — os desgostos, as decepções, os fracassos, os fastios, o tédio, a solidão, a depressão... — nos acabrunham, a voz cálida de Cristo crucificado convida-nos a ser generosos e a subir um degrau na escada do amor: a crescer na mansidão, na bondade e na grandeza de alma; a aumentar a confiança em Deus; a ser mais desprendidos dos êxitos, do bem--estar e das posses materiais; sobretudo, a meter-nos mais decididamente na fogueira de amor que é o coração de Cristo, com desejos inflamados de corresponder, de desagravá-lo, de imitá-lo, de unir-nos ao seu Sacrifício redentor. Todos esses sentimentos tornam grande a alma cristã.

Queremos fazer este aprendizado cada vez melhor? Meditemos com frequência a Paixão de Jesus. É uma prática espiritual que, ao longo dos séculos, alimentou o amor e a generosidade de milhões de cristãos. Leiamos muitas vezes os relatos detalhados da Paixão, que os quatro Evangelhos conservam como um tesouro; ou livros que comentem piedosamente a Paixão e Morte de Cristo; e fiquemos contemplando essas cenas, representando-as com a imaginação, «metendo-nos» nelas e dialogando com o Senhor.

«Queres acompanhar Jesus de perto, muito de perto?... Abre o Santo Evangelho e lê a Paixão do Senhor. Mas ler só, não: viver. A diferença é grande. Ler é recordar uma coisa que passou; viver é achar-se presente num acontecimento que está ocorrendo agora mesmo, ser mais um naquelas cenas. Deixa, pois, que o teu coração se expanda, que se coloque junto do Senhor»[26]...

Procuremos proceder assim, porque então choraremos os nossos pecados, que rasgaram tão dolorosamente o corpo e a alma de Cristo; teremos ânsias de reparar esses nossos males, oferecendo ao Senhor os nossos sofrimentos com espírito de penitência; e as nossas dores hão de parecer-nos pequenas em comparação com as de Jesus: «O que vale, Jesus, diante da tua Cruz, a minha; diante das tuas feridas, os meus arranhões? O que vale, diante do teu Amor imenso, puro e infinito, esse pesadume de nada que me puseste às costas?»[27]

E ainda chegaremos mais longe. Desejaremos identificar-nos com Cristo, para «redimir» com Ele, para salvar o mundo com Ele.

A cruz que faz «corredimir»

Há umas palavras de São Paulo que encerram um grande mistério, ou seja, que encerram uma verdade muito sobrenatural e profunda sobre a vida nova do cristão. Meditemo-las: *Agora me alegro nos sofrimentos suportados por vós. Completo na minha carne o que falta às tribulações de Cristo pelo seu corpo, que é a Igreja* (Cl 1, 24).

A rigor, nada falta à Paixão de Cristo, pois o sacrifício de Jesus mereceu infinitamente a redenção de todos os crimes e pecados do mundo. Mas o Senhor quis que os cristãos, membros do seu Corpo Místico, pudessem associar-se ao seu sofrimento redentor, unindo a Ele os seus próprios padecimentos.

Na Carta Apostólica já antes citada sobre o *Sentido cristão do sofrimento*, o Papa João Paulo II desenvolve uma bela reflexão sobre esta verdade: «O Redentor sofreu em lugar do homem e em favor do homem. Todos os homens têm a *sua participação na Redenção*. E cada um dos homens é também *chamado a participar daquele sofrimento* por meio do qual se realizou a Redenção; é chamado a participar daquele sofrimento por meio do qual foi redimido também todo o sofrimento humano. Realizando a Redenção mediante o sofrimento, Cristo *elevou* ao mesmo tempo *o sofrimento humano ao nível da Redenção*. Por isso, todos os homens, com o seu sofrimento, podem tornar-se participantes do sofrimento redentor de Cristo»[28].

E, mais adiante, glosando a frase de São Paulo que agora meditamos, o Papa complementa essa reflexão: «O sofrimento de Cristo criou o bem da Redenção do mundo. Este bem é em si mesmo inexaurível e infinito. Ninguém lhe pode acrescentar coisa alguma. Ao mesmo tempo, porém, Cristo, no mistério da Igreja, que é o seu Corpo, em certo sentido abriu o seu próprio sofrimento redentor a todo o sofrimento humano. Na medida em que o homem se torna participante dos sofrimentos de Cristo — em qualquer parte do mundo e em qualquer momento da história —, tanto mais ele *completa, a seu modo*, aquele sofrimento, mediante o qual Cristo operou a Redenção do mundo»[29].

Neste mundo em que, ao lado de tantas bênçãos de Deus e de tantas almas boas, se deixam sentir com força os ventos e tempestades do pecado, as almas generosas que sofrem com amor, unidas ao Senhor, são como que «outros Cristos», que contrabalançam com a sua «Cruz» o peso dos crimes do mundo. Tornados eles próprios uma só coisa com Cristo sofredor, são esses homens e mulheres bons — os santos, os mártires, os inocentes, os doentes, as crianças, os «humilhados e ofendidos»... — os que mantêm no mundo, como uma tocha acesa, a esperança da salvação. Uma só mulher humilde que oferece, na sua cama de hospital, os seus sofrimentos a Deus faz mais pelo bem do mundo do que muitos dos que o governam.

Estamos perante a dimensão mais alta a que a Cruz elevou as dores humanas.

Que alegria podermos dizer com São Paulo: *Estou pregado à Cruz de Cristo. Eu vivo, mas já não sou eu; é Cristo que vive em mim!* (Gál 2, 19-20). Que alegria poder ter nos lábios e no coração as palavras de Cristo: Eu vim *para servir e dar a vida para a redenção de muitos!* (Mt 20, 28).

Com esta visão grandiosa da fé, entendem-se os ardores dos santos. «Não peças perdão a Jesus apenas de tuas culpas — dizia mons. Escrivá —; não O ames com o teu coração somente... Desagrava-O por todas as ofensas que

Lhe têm feito, que Lhe fazem e que Lhe hão de fazer...; ama-O com toda a força de todos os corações de todos os homens que mais O tenham amado...» «Que importa padecer, se se padece para consolar, para dar gosto a Deus Nosso Senhor, com espírito de reparação, unido a Ele na Cruz..., numa palavra: se se padece por Amor?»[30]

Agora já não nos parece estranha a sede de Cruz, de sofrimento, que tinham os grandes santos; um desejo que não era doentio, mas uma «chama viva de amor», que os fazia ter ânsias de identificar-se com Jesus na Cruz.

É paradigmática a cena de São Francisco de Assis no Monte Alverne. Era a manhã de 14 de setembro de 1224, festa da Exaltação da Santa Cruz. Retirado nas solidões dos Apeninos, o *Poverello* rezava ajoelhado diante da sua cela, antes de que raiasse a alva. Tinha as mãos elevadas e os braços estendidos, e pedia: «Ó Senhor Jesus, há duas graças que eu te pediria que me concedesses antes de morrer. A primeira é esta: que na minha alma e no meu corpo, tanto quanto possível, eu possa sentir os sofrimentos que tu, meu doce Jesus, tiveste que sofrer na tua cruel Paixão! E o segundo favor que desejaria receber é o seguinte: que, tanto quanto possível, possa sentir em meu corpo esse amor desmedido em que Tu ardias, Tu, o Filho de Deus, e que te levou a querer sofrer tantas penas por nós, miseráveis pecadores».

A oração foi ouvida. Um serafim, que trazia em si a imagem de um crucificado, imprimiu-lhe as chagas de Cristo nas mãos, nos pés e no lado. Francisco, até no corpo, tornou-se visivelmente «outro Cristo»[31].

Ninguém, porém, se uniu tão intimamente à Cruz de Cristo como a sua Mãe

Santíssima (cf. Jo 19, 25). Ninguém mereceu, como Ela, o título de corredentora. E ninguém, mais do que Ela, pode ajudar-nos a abraçar com amor a Cruz de seu Filho. «É uma Mãe com dois filhos frente a frente: Ele... e tu»[32].

NÓS E A CRUZ

Segunda parte: o sacrifício

O sacrifício voluntário

Ainda nos resta abordar um aspecto importante da *sabedoria da Cruz*: o sacrifício voluntário. Procuremos também agora esforçar-nos por ouvir o que Deus quer dizer-nos a este respeito.

Comecemos por evocar o diálogo de Pedro com Jesus, que mencionávamos páginas atrás, vendo como o Apóstolo se insurgia contra o Mestre, que falava da necessidade da Paixão. Víamos então a energia com que Cristo repelia a tentação de fugir da Cruz. Pois bem, diz o Evangelho que, logo a seguir — como consequência do «entrevero» com Pedro —, Jesus dirigiu o olhar aos outros discípulos e lhes disse com firmeza: *Se alguém quiser vir após mim, negue-se a si mesmo, tome a sua cruz e siga-me* (Mt 16, 24).

Uma segunda cena ajuda a compreender ainda mais essa primeira. Certa vez, Jesus estava acompanhado de *muito povo*. Era o tempo em que as multidões o seguiam com um entusiasmo em que a fé se alternava com a emotividade superficial e o interesse. Cristo, que conhecia bem os homens e os amava, quis gravar-lhes na alma a ideia clara de que, sem tomar a Cruz, era impossível segui-lo pelo seu caminho, pois é caminho de amor. E assim, voltando-se para os que o cercavam, alertou-os: *Quem não carrega a sua cruz*

e me segue não pode ser meu discípulo.
E, para deixar essa afirmação bem vincada, ilustrou-a com uma comparação: falou-lhes de um homem que, desejando construir uma torre, errou nos cálculos e não previu os meios necessários para edificar. Aconteceu o inevitável, fracassou, de modo que todos os que o viam se punham a zombar dele, dizendo: *Este homem principiou a edificar, mas não pôde terminar!* O Senhor esclareceu que assim aconteceria com aqueles que quisessem segui-lo sem renúncia e sem Cruz (cf. Lc 14, 25-30).

Reparemos que, nessas passagens do Evangelho, Jesus fala de algo que *depende de nós*. Algo que podemos fazer ou não — *Se alguém quiser...* —, algo que pertence, portanto, à nossa *livre-iniciativa*.

Sempre a Cruz deve ser tomada livremente: mesmo, como já víamos, a

Cruz do sofrimento que se abate sobre nós. Mas há um capítulo da *sabedoria da Cruz* que depende totalmente — com a ajuda da graça — da nossa decisão, da nossa generosidade, e é justamente o dos *sacrifícios voluntários*. Se nós queremos, sacrificamos um fim de semana para dar assistência aos pobres; se nós queremos, deixamos de ir ao cinema para visitar um doente; se nós queremos, assumimos os trabalhos mais pesados em casa. Mas ninguém nos impõe nada. Se não queremos, não fazemos nada disso.

Homem velho e homem novo

Sacrifícios voluntários? Mortificação? Penitência? Meter na nossa vida mais «cruzes», quando a vida já traz tantas sem que as procuremos? Por quê?

Vamos deixar que, mais uma vez, o Espírito Santo nos responda pela boca de São Paulo.

Este Apóstolo serve-se com frequência de uma comparação: a imagem dos *dois homens* que estão sempre brigando dentro de nós: o *homem velho* e o *homem novo*. Poderíamos traduzir por «homem modelado pelos parâmetros mundanos, pagãos» e «homem modelado — conforme a imagem de Cristo — pela graça do Espírito Santo».

Assim, escrevendo aos Efésios, o Apóstolo pede-lhes: *Não persistais em viver como os pagãos, que andam à mercê das suas ideias frívolas [...]. Renunciai à vida passada, despojai-vos do homem velho, corrompido pelas concupiscências enganadoras. Renovai sem cessar o sentimento da vossa alma, e revesti-vos do homem novo, criado à imagem de Deus, em justiça e santidade verdadeiras*

(Ef 4, 17.22-24). É claro que lhes está propondo uma luta árdua, mediante a qual deverão arrancar — quase como se arranca a pele — o *homem velho*, para revestir-se do *homem novo*.

As mesmas ideias, mais sinteticamente expostas, encontramo-las na Carta aos Colossenses: *Vós vos despistes do homem velho com os seus vícios, e vos revestistes do novo, que se vai restaurando constantemente à imagem dAquele que o criou* (Cl 3, 9-10).

Um terceiro texto, dirigido aos Gálatas, completa os anteriores: *Os que são de Jesus Cristo crucificaram a carne, com as suas paixões e concupiscências* (Gál 5, 24). Para entender o que quer dizer, é preciso ter presente que, na mesma carta, havia explicado o que é a *carne* e as suas *concupiscências* (palavra que literalmente significa *maus desejos*), mostrando que por *carne* entende — como é comum em textos bíblicos — o homem egoísta, afastado da graça de Deus e mergulhado no materialismo, *cujo deus é o ventre [...] e só tem prazer no que é terreno* (Fl 3, 19).

Característica típica do homem velho é a de se deixar dominar pelos desejos da *carne*, que — como explica detalhadamente o Apóstolo — se chamam *fornicação, impureza, libertinagem, idolatria, superstição, inimizades, brigas, ciúmes, ódio, ambição, discórdia, facções, invejas, bebedeiras, orgias e outras coisas semelhantes* (Gl 5, 19-21).

Esta é a *carne* que deve ser *crucificada*, ou seja, mortificada, dominada e vencida com a renúncia, com a luta, com a Cruz.

Meio de purificação

A mortificação voluntária — que faz parte essencial da luta do cristão — é um meio necessário de purificação. Santo Agostinho tem um pensamento muito profundo a este respeito. Lembra que o homem foi criado à imagem e semelhança de Deus, e que o pecado «deformou» essa imagem e apagou a semelhança. A graça de Deus, recebida no Batismo, fez-nos renascer para uma vida nova. É tarefa nossa colaborar com a graça para limpar os males que nos deformam; só assim ela nos devolverá à «forma» primeira, que é a imagem do ser de Deus[33].

Como é sugestiva esta ideia, para nos ajudar a compreender que a *formação* cristã não se limita ao conhecimento da verdade, da doutrina — ler, estudar, aprender —, mas exige um trabalho de purificação — de limpar, de extirpar, de endireitar, de podar o que procede do egoísmo —, para podermos «arrancar a triste máscara que forjamos com as nossas misérias»[34], e estarmos em condições de ir reproduzindo fielmente em nós os traços do nosso modelo, Jesus Cristo.

Pensemos seriamente qual é o *nosso homem velho*, quais são as nossas *paixões e concupiscências*, para assim podermos descobrir as mortificações que precisamos fazer a fim de arrancar de nós as máscaras deformantes. Não é muito difícil adivinhar. Difícil é concretizar... e fazer.

Na realidade, todos notamos em nós mesmos defeitos que nos prejudicam, hábitos, vícios de diversas espécies, que nos dominam; falhas de caráter que atrapalham o nosso trabalho; atitudes desagradáveis ou omissões no nosso relacionamento com os outros... Pois bem, é aí que deve entrar a *nossa cruz*, ou seja, os sacrifícios necessários para corrigir tais defeitos.

Fazer penitência

Já vimos, ao tratar dos nossos sofrimentos, o imenso valor que os padecimentos têm como meio de unir-nos à Cruz de Cristo, a fim de reparar — expiar — pelos nossos pecados e pelos pecados de todo o mundo.

Também o sacrifício *voluntário* pode ter — e muitas vezes deve ter — uma função reparadora, de penitência pelos pecados.

O *Catecismo da Igreja Católica*, ao falar dos tempos e dias de penitência, cita as práticas penitenciais que são mais tradicionais na Igreja, porque o próprio Cristo se referiu a elas no Sermão da Montanha (cf. Mt 6, 1ss), a saber: a oração, o jejum e a esmola. E frisa de modo particular o valor que tem a mortificação — o jejum e outras *privações voluntárias* —, como meio de reparação dos pecados (cf. nn. 1434 e 1438).

É muito próprio do espírito de um cristão determinar-se a cumprir algumas dessas práticas penitenciais — além do jejum e da abstinência de carne prescritos pela lei da Igreja — sobretudo em dias ou períodos especialmente relacionados com a Paixão de Jesus, como são as sextas-feiras e o Tempo da Quaresma.

Mas não deveríamos limitar-nos às obras de penitência em datas ou tempos determinados. Todos os dias deveriam estar enriquecidos — polvilhados — por algumas pequenas privações, oferecidas por amor e com alegria, como atos de reparação pelos pecados próprios e alheios, e também como exercícios de autodomínio que nos ajudassem a «converter-nos»: a ser mais senhores de nós mesmos e, com a graça de Deus, a mudar.

Em maio do ano 2000, o Papa celebrou em Fátima a beatificação de Jacinta e Francisco. Ao elevar os dois pastorinhos à glória dos altares, o Santo Padre fez questão de realçar a generosidade com que ambos, a pedido de Nossa Senhora, se entregaram à penitência «pelos pobres pecadores». De Francisco, dizia o Papa que «suportou os grandes sofrimentos da doença que o levou à morte sem nunca se lamentar. Tudo lhe parecia pouco para consolar Jesus; morreu com um sorriso nos lábios. Grande era, no pequeno Francisco, o desejo de reparar as ofensas dos pecadores, esforçando-se por ser bom e oferecendo sacrifícios e oração. E Jacinta, sua irmã, quase dois anos mais nova que ele, vivia animada dos mesmos sentimentos». Citava depois o Papa as palavras com que Jacinta se despediu de Francisco, pouco antes de este morrer: «Dá muitas saudades minhas a Nosso Senhor e a Nossa Senhora e diz-lhes que sofro tudo quanto Eles quiserem para converter os pecadores»[35].

Como é tocante essa lição dos *pequeninos*, dos *simples*, que ouvem e entendem a voz de Deus, por meio de Maria! (cf. Lc 10, 21). Podemos ter a certeza de que a perda do sentido da penitência, entre os cristãos, anda em paralelo com a perda do sentido do pecado, porque se perdeu também o sentido do amor de Deus.

Abnegação

Há um derradeiro aspecto da cruz voluntária que ainda vamos considerar. Estávamos meditando na condição que Cristo nos propõe para sermos seus discípulos: *Se alguém quiser vir após mim, negue-se a si mesmo, tome a sua cruz e siga-me* (Mt 16, 24). Pois bem, deve ser motivo de reflexão o fato de que essas breves palavras programáticas sobre a Cruz comecem falando da abnegação: *negue-se a si mesmo*.

Várias vezes sublinhamos nestas páginas que o caminho de Cristo — o que Ele nos convida a seguir, levando a Cruz — é um caminho de Amor. Tudo o que Deus nos pede resume-se, de fato, no mandamento de *amar a Deus sobre todas as coisas e ao próximo como a nós mesmos* (cf. Mt 22, 37-40).

Caríssimos — insistia São João —, *amemo-nos uns aos outros, porque o amor vem de Deus, e todo o que ama é nascido de Deus e conhece a Deus. Aquele que não ama não conhece a Deus, porque Deus é amor* [...]. *E nós temos de Deus este mandamento: o que ama a Deus ame também o seu irmão* (1 Jo 4, 7-8.21).

Nestas palavras, sentimos bater o próprio coração de Cristo. Parece-nos ouvi-lo, na Última Ceia, a falar da sua próxima Paixão e a encarecer-nos: *Este é o meu mandamento: amai-vos uns aos outros como eu vos amei. Ninguém tem maior amor do que aquele que dá a vida pelos seus amigos* (Jo 15, 12-13).

Dar a vida, dar-se aos outros. Isto é a abnegação: renunciar à força centrípeta do egoísmo e abrir-se à força centrífuga da caridade. Estamos aqui, talvez, no ponto mais alto da *cruz voluntária*, o do amor sacrificado e generoso, que se esquece do *eu*, que prescinde dos «direitos» que o egoísmo justiceiro anda sempre a exigir, e que sabe viver todo voltado para os irmãos, disposto a sacrificar-se para fazê-los felizes — na terra e depois no Céu —, sem cálculos nem cobranças.

Glosando a parábola do bom samaritano, figura-tipo da caridade cristã

(Lc 10, 25-37), João Paulo II escrevia: «O bom samaritano da parábola de Cristo não se limita à simples comoção e compaixão. Estas transformam-se para ele num estímulo para ações que tendem a prestar ajuda ao homem ferido. Bom samaritano, portanto, é afinal *todo aquele que presta ajuda no sofrimento*, seja qual for a sua espécie; uma ajuda, quanto possível, eficaz. Nela põe todo o seu coração, sem poupar nada, nem sequer os meios materiais. Pode-se dizer mesmo que se dá a si próprio, o seu próprio *eu*, ao outro. Tocamos aqui um dos pontos-chave de toda a antropologia cristã. O homem não pode encontrar a sua própria plenitude a não ser no dom sincero de si mesmo. Bom samaritano é o *homem capaz*, exatamente, *de um tal dom de si mesmo*»[36].

A abnegação cristã não se limita a fazer sacrifícios, mas é um *espírito de sacrifício*, habitual. Não são abnegados os que fazem algumas mortificações e, ao mesmo tempo, se queixam da dureza da vida, dizem que não têm tempo para pensar nos outros e choram as renúncias que são obrigados a fazer. São abnegados os que se entregam ao próximo com alegria, sem dar importância à sua dedicação. Este é o espírito de Cristo. Essas almas, que refletem Cristo de um modo especial, vão espalhando pelo mundo a fecundidade redentora da Cruz. A elas pode também aplicar-se o que Jesus dizia de si mesmo no Domingo de Ramos: *Em verdade, em verdade vos digo: se o grão de trigo não se enterra e morre, fica só; se morre, produz muito fruto* (Jo 12, 24).

Como é grande o campo da abnegação cristã! Abnegação na família, abnegação no trabalho; dedicação generosa aos doentes, aos anciãos, aos necessitados; idealismo prático e atuante, que contribua para a solução dos problemas educacionais, habitacionais, sociais... São tantas coisas! Não queiramos ficar na teoria neste ponto — em nenhum ponto da vida cristã —, e concretizemos, da forma que seja mais adequada às circunstâncias e capacidades de cada qual, os modos práticos de entrar na aventura da abnegação.

Não seríamos cristãos se nos omitíssemos, se não nos movesse, como um fogo interior, o desejo de servir a todos. Numa homilia sobre o Coração de Jesus, São Josemaria Escrivá lançava esta mensagem vibrante: «Um homem, uma sociedade que não reajam perante as tribulações ou as injustiças, e não se esforcem por aliviá-las, não são nem homem nem sociedade à medida do Coração de Cristo. Os cristãos — conservando sempre a mais ampla liberdade à hora de estudar e de aplicar as diversas soluções, e, portanto, com um lógico pluralismo — devem identificar-se no mesmo empenho em servir à humanidade. De outro modo, o seu cristianismo não será a Palavra e a Vida de Jesus»[37].

Se alguém quer servir-me — dizia Cristo —, *que me siga; e, onde eu estiver, também ali estará o meu servidor* (Jo 12, 26). Ele nos precedeu e nos marca o caminho com os seus passos.

Epílogo
A CRUZ E A ALEGRIA CRISTÃ

Ao longo destas páginas, debruçamo-nos sobre o mistério da Cruz, concentrando quase que exclusivamente nela o olhar da nossa alma, para assim captar melhor o que a Cruz — mistério fundamental do cristianismo — significa. Mas olhar para a Cruz não é olhar para *todo* o panorama da vida cristã.

Por isso, antes de encerrarmos as nossas reflexões, parece necessário que, depois de meditarmos sobre o que a Cruz *é*, reflitamos brevemente sobre o que a Cruz *não é*. Assim o quadro ficará mais completo. Não pensemos que, com isso, embaçaremos o lustre da Cruz; pelo contrário, ao percebermos o que a Cruz *não é*, vê-la-emos brilhar com fulgores ainda mais intensos.

Em primeiro lugar, é preciso esclarecer que a Cruz — ainda que seja imprescindível — *não é a única via* existente para atingir a santidade cristã, a plenitude do amor. É uma grande verdade que não há cristianismo nem santidade sem Cruz; mas é errado julgar que os atos que não estão marcados pelo sofrimento ou pelo sacrifício árduo não têm valor diante de Deus. O que dá valor sobrenatural, meritório, aos nossos atos é a *caridade*, o *amor* a Deus e ao próximo. Por isso, muitas vezes se tem repetido — e com toda a razão — que a menor das pequenas ações domésticas de Nossa Senhora em Nazaré — tendo em conta que a sua alma imaculada possuía um grau de amor elevadíssimo — tinha mais valor e merecia mais graça e prêmio do que o martírio de muitos santos.

Se cumprimos com amor a Deus e com amor ao próximo o menor dos nossos deveres, esse dever santifica-nos: «Queres de verdade ser santo? — pergunta mons. Escrivá —. Cumpre o pequeno dever de cada momento; faz o que deves e está no que fazes». E, na mesma linha: «Um pequeno ato, feito por Amor, quanto não vale!»[38]

São Paulo fala com alegria de que até os pequenos prazeres honestos do comer e do beber podem ser um meio de santificação e de glória de Deus, quando vividos em espírito de ação de graças ao Senhor: *Quer comais, quer bebais ou façais qualquer outra coisa* — escreve — *fazei tudo para a glória de Deus* (1 Cor 10, 31).

Pelo contrário, os maiores sacrifícios, feitos sem amor, não valem nada: *Ainda que entregasse o meu corpo para ser queimado, se não tivesse caridade, de nada me valeria* (1 Cor 13, 3).

É verdade que o espírito de desprendimento, a disposição alegre de *tomar a Cruz*, o esquecimento de nós mesmos, devem estar sempre a postos na alma do cristão; mas não é menos verdade que encontramos a Deus inúmeras vezes em tarefas, em tempos de oração, em conversas, em momentos de amor e de amizade, em lazeres honestos, que nos dão imenso prazer, e que, se estão de acordo com a Vontade de Deus e impregnados do seu amor, nos santificam tanto como o sacrifício difícil feito com o mesmo nível de amor. No meio dessas horas felizes, como condimento que lhes faz mais delicioso o sabor, não falta, com certeza, a pequena mortificação amável, mas a mortificação não é o que dá o caráter próprio a esses atos bons.

Em segundo lugar, é preciso afirmar que a Cruz não é o ponto final, nem na vida de Cristo nem na vida do cristão. E aí está precisamente o seu segredo e a sua grandeza.

Na vida de Cristo, a Cruz foi o caminho escolhido pela Santíssima Trindade para chegar ao triunfo da Ressurreição, que é a verdadeira meta da Redenção: a vitória do Redentor sobre o pecado, o demônio e a morte, que Jesus Ressuscitado nos oferece — como Vida nova e imortal — a todos nós. A Cruz levou Cristo ao cume do Amor, mas esse cume era como o monte que deve ser transposto para se atingir o vale da felicidade que não morre. O mistério da Cruz é *mistério pascal*, de *passagem:* passagem da morte para a Vida, do pecado para a graça, da tristeza para a *alegria que ninguém nos poderá tirar* (Jo 16, 22).

Cristo, triunfante e glorificado, ostentando com imensa alegria as chagas vitoriosas da sua Paixão (cf. Lc 24, 39), derrama finalmente sobre nós o Espírito Santo, o Amor pessoal de Deus, que é o grande «fruto da Cruz»[39], para que inunde as nossas almas com a sua graça, com os seus sete dons e com a abundância dos seus frutos: *amor, alegria, paz, paciência, bondade...* (cf. Gl 5, 22).

É por tudo isto que os autênticos cristãos nunca encararam a Cruz com ar tristonho ou com complexo de vítima. Nunca se obsessionaram neuroticamente com o sofrimento. Nunca se queixaram da Cruz santa, que é o pórtico da alegria. Gozaram ao sofrer, convencidos de que aquela dor não era um mal, mas a raiz de uma alegria maior.

Assim, souberam carregar «a Cruz às costas, com um sorriso nos lábios, com uma luz na alma»[40], souberam abraçar a dor com alegria, dando graças ao Senhor por conceder-lhes o privilégio de «participar da sua doce Cruz»[41].

Sobre essa «arte cristã de sofrer com fé, esperança e amor» escrevi algumas páginas em outra pequena obra sobre *A paciência*[42]. Nela se evoca o exemplo empolgante de vários homens e mulheres do nosso tempo que sofreram com paz, com categoria, sem que se notasse, e com o coração totalmente voltado para os outros. Permita-me o leitor remetê-lo para o que lá está escrito.

Dentro dessa perspectiva, desejava terminar com umas palavras de mons. Escrivá, que são como que um *teste da sabedoria da Cruz*. Se nos acharmos perto do que nelas se contém, é sinal de que começamos a adquirir, com o auxílio do Espírito Santo, essa divina *sabedoria*; se nos sentirmos longe, peçamos a Deus e a Maria Santíssima que acendam essa luz da *sabedoria da Cruz* dentro do nosso coração:

«Sinais inequívocos da verdadeira Cruz de Cristo: a serenidade, um profundo sentimento de paz, um amor disposto a qualquer sacrifício, uma eficácia grande, que brota do próprio Lado aberto de Jesus, e sempre — de modo evidente — a alegria: uma alegria que procede de saber que, quem se entrega de verdade, está junto da Cruz e, por conseguinte, junto de Nosso Senhor»[43].

NOTAS

(1) Salvador Bernal, *Perfil do Fundador do Opus Dei*, Quadrante, São Paulo, 1978, p. 264; (2) Símbolo Niceno-Constantinopolitano; (3) Cf., por exemplo, Rom 4, 25; Gál 1, 4; Ef 1, 7; 1 Pe 3, 18; 1 Jo 1, 7; 1 Jo 2, 2; Apoc 1, 5, etc.; (4) São Tomás de Aquino, *Exposição sobre o Credo*, Presença, Rio de Janeiro, 1975, p. 44; (5) João Paulo II, Carta apostólica *Salvifici doloris*, 11.02.1984, n. 17; (6) João Paulo II, Carta apostólica *Novo millennio ineunte*, 6.01.2001, n. 25; (7) *Ibidem*, n. 16; (8) Josemaria Escrivá, *Via Sacra*, 5ª ed., Quadrante, São Paulo, 2003, p. 17; (9) São Francisco de Sales, *Tratado do Amor de Deus*, 10, 17; (10) Javier Echevarría, *Itinerarios de vida cristiana*, Planeta, Barcelona, 2001, pp. 172 e 174; (11) São Boaventura, *Vitis mystica*, 3, 11 (PL 184, 643); (12) João Paulo II, *Alocução da quarta-feira*, 9.11.1988; (13) Concílio Vaticano II, *Gaudium et Spes*, n. 22; (14) *Liturgia das Horas*, dia 22 de junho, Ofício da manhã, 2ª leitura; (15) citado em *Perfil do Fundador...*, p. 323; (16) Josemaria Escrivá, *Caminho*, 11ª ed., Quadrante, São

Paulo, 2016, n. 691, 773, 758 e 217; (17) João Paulo II, *Novo millennio ineunte*, ns. 25-27; (18) Josemaria Escrivá, *Santo Rosário*, 5ª ed., Quadrante, São Paulo, 2018, p. 35; (19) Santa Teresa de Ávila, *Caminho de perfeição*, 18, 1; (20) João Guimarães Rosa, *Primeiras Estórias*, José Olympio, Rio de Janeiro, 1962, p. 71 e segs.; (21) Luis Rosales, *La casa encendida*, La encina y el mar, Madri, 1949, p. 86; (22) *Perfil do Fundador...*, p. 416; (23) Josemaria Escrivá, *Sulco*, 4ª ed., Quadrante, São Paulo, 2016, n. 235; (24) *Via Sacra*, pp. 29-30; (25) Cf. *Caminho*, n. 756; (26) *Via Sacra*, p. 46; (27) Josemaria Escrivá, *Amigos de Deus*, 4ª ed., Quadrante, São Paulo, 2018, n. 310; (28) *Salvifici doloris*, n. 19; (29) *Idem*, n. 24; (30) *Caminho*, n. 402 e 182; (31) *Fioretti* de São Francisco, 3ª consideração, e *Vita prima* de Tomás de Celano; (32) *Caminho*, n. 506; (33) Cf. Santo Agostinho, *Sermão 125*, 4 (PL 38, 962); (34) Cf. *Via Sacra*, pp. 33-34; (35) João Paulo II, *Homilia da Beatificação*, Fátima, 13.05.2000; (36) *Salvifici doloris*, n. 28; (37) Josemaria Escrivá, *É Cristo que passa*, 5ª ed., Quadrante, São Paulo, 2018, n. 167; (38) *Caminho*, n. 815 e 814; (39) *É Cristo que passa*, n. 96; (40) *Via Sacra*, p. 18; (41) *Caminho*, n. 658; (42) Francisco Faus, *A paciência*, 3ª ed., Quadrante, São Paulo, 2015; (43) Josemaria Escrivá, *Forja*, 4ª ed., Quadrante, São Paulo, 2016, n. 772.

Direção geral
Renata Ferlin Sugai

Direção editorial
Hugo Langone

Produção editorial
Juliana Amato
Gabriela Haeitmann
Ronaldo Vasconcelos
Roberto Martins

Capa
Provazi Design

Diagramação
Sérgio Ramalho

ESTE LIVRO ACABOU DE SE IMPRIMIR
A 15 DE MAIO DE 2025,
EM PAPEL OFFSET 75 g/m^2.